LE
CONVOY
DE PALLAS, DEESSE

de Science, au treschrestien ROY de France,
pour faire son entrée en sa noble ville de Tours.
Composé par Guillaume vincent de Clamecy.

Imprimé à Tours par Iehan Rousset, de-
mourāt deuāt les Cordeliers, pres sainct Vincēt.

IEAN ROVSSET,
Au Lecteur.

A My Lectenr, ie suis incessamment
Cerchant moyen de te donner plaisir
Pour ceste fois ce liuret seulement
Ie te produiz attendant le loysir
Que i'y pourray facilement choisir
Au cabinet de celuy qui la faict
T'asseurant bien s'il te vient a desir
Que veoir pourras vng œuure plus perfaict.

Telos.

PALAS, DEESSE

de Science, Autreschrestien, & tres
Magnanime Roy de France,
HENRY deuxiefme
de ce Nom,
Salut.

Onsiderant Royal chef cou-
ronné
(Qui de vertu has tout enui-
ronné)
Qu'en ton Royaulme où gist
toute science
Cherie suis comme si ma naissance
Y auois prins,& que des hommes mainctz
Incessamment ont liures en leurs mains
En ta Trilingue,& noble Achademie
Traduictz au vif,ie voy que suis amie
De toy,ô Roy,& de ceulx qui soustiennent
Les bons espritz quand a moy ilz paruiennent
Palas ie suis,& entre aucuns Mynerue
Et entre tous les scauans ie reserue
Pour auec moy les baigner en l'eau doulce
Dont Pegasus trouua la claire source.
   Celle ie suis en ce monde enuoyée
Pour en auoir tant beu,que suis noyée

Bien peu s'en fault parce que nul amant
Ie n'ay trouué, qui ceste eau fust aymant
Si fort que ceulx qui dessoubz toy demeurent
Car s'il n'en ont auiourdhuy quasi meurent
Mais ie ne suis tant ingrate & chetifue
D'en refuser, car il fault que tout viue
Mesme a ceulx la qui en ton beau parler
Ta renommée ont faict courir par l'air
    Or donq' Henry noble Roy de la France
Apres qu'ay veu en grand' magnificence
Paris, Rouen, Lyon, Bloys, & Amboyse
Faisans debuoir de te veoir a leur ayse
Et attendant que dans Tours feisse entrée
I'ay pourpensé en aulcune contrée
Me transporter pour quelque nouueaulté
Cueillir du fraiz, & a ta Maiesté
La presenter, Les filles de Doctrine
Trouuées i'ay pres leur eau Cabalyne
Qui en parler, plaisant, & delectable
Sesiouyssoient de ta France amyable
Disantz, Francoys science font florir
Tant que iamais el' ne pourra perir.
    Certes c'est bien (Sire) pour toy grand heur
Puis que ta langue ha sur toutes l'honneur
Trouuée l'ay tant affable, & docille
Que d'autre aymer me seroit difficile.

Ces filles cy,certes ce font les Muses
Dont bien souuent en ton doulx parler vses
Car de parler ont fi tresbonne grace
Que leur parlé,autre parlé efface
Penses vng peu fi ie n'auois plaifir
De les oyr caqueter a loyfir?
Et quant ie fuz par elles apperceue
Si ie ne fuz humainement receue?
Affeure toy, que les pucelles dignes
D'ardant amour me monftrerent les fignes
Plus pour l'amour que i'ay en ton Royaulme
Pour lequel veulx porter le doré Heaulme
Que pour nul cas,autour de moy fe myrent
Et de leurs corps vng beau petit parc feirent
Qui me fembloit eftre veu leurs couleurs
Vng parc lacé de delicates fleurs
Fleurs font auffi,fleurs les appelle
Parce que fleur n'y a qui foit pareille
Scauoir acquis eft la fleur de tout bien
L'ygnorant n'a au fouuerain bien rien,
Quand deffus moy eurent ieété leurs yeulx
Vrania au regard gracieulx
Me print la main,& de volunté gaye
Auecq fes fœurs deffoubz vne faulfaye
Me mena lors ou nous fifmes bancquet
Premierement d'ung gracieulx caquet

Car les bancquetz, qui de viandes font
Pour le falut des mangeurs ne fe font
Mais le bancquet ou leur vouloir s'applique
C'eft banqueter en parler deifique
Car du feul pain on ne pourroit pas viure
Si ce que Dieu dict on ne tafche enfuyure.

 Puis toutes neuf de ta profperité
S'enquierent fort de ta felicité
De ton pays fort fe refiouyffoient
Tant q̃ leurs cœurs dedans leurs corps danfoiët
Leur Eftomach petitz foufpirs iectoit
De gayeté de cœur qui treffaultoit
Apres que i'euz a la verité dict
Que le parler Francoys n'eft interdict
Raifon eftoit y voyager vng tour
Pour dedans Tours veoir ton Royal atour.

 Lors fe leua Caliope la faige
(Qui tant bien fcait aorner ton langaige)
Laquelle ayant fon chef enuironné
De verdz rameaulx d'hierre nouueau né
Sa harpe auffi belle, & bien accordée
Son chef enclin en facon moderée
Vne chanfon en hault fe print a dire
Telle que cy ie l'ay voulu efcripre.

 O Seigneur Dieu qui par les montz & plaines
Permectz couler ruyffeaulx de tes fontaines

Graces te rendz, ia voyons en la Gaule
Pasteurs danser dessoubz l'ymbre du Saule
Qui en oyant le Rossignol chanter
Vng chant diuin viennent a gringoter
N'est ce donq pas la vertu de ceste eau
Qui faict ainsi l'esprit enuers toy beau.
Grãd bruit ne faict ceste eau, mais son murmure
Doulx & begnin rompra la pierre dure
Et s'espandra par les veines bruyantes
Ou gouttes d'or d'elles sont distillantes
Et passera oultre Rocs, & Montaignes
Pour arrouser vallées, & champaignes.
    Si te supply humblement que tous ceulx
Qui en beuront ne soient tant paresseux
Qu'euidemment ne mettent en lumiere
L'estanchement de ceste soif premiere
En te louant comme seul Dieu, & maistre
Qui as voulu virginallement naistre
Puis nous monstrer, & nous faire Concierge
De la Fontaine ou auoit beu la vierge
Sans plus entrer en vieielle poesie
Ou fiction de Dieux est tant choisie.
    Desia voyons, que cil qui en ha beu
De tes escriptz tressainctz, il est imbeu,
Desia voyons, qu'vng paoure homme chãpestre
Disputera contre vne ignare beste

Qui est au fol vng espouentement
Parce qu'il n'est remply diuinement.
　　Bergers des champs demouràs aux villages
N'ont les espritz agrestes ne sauuaiges
Car pres de nous venans aux pastureaulx
Garder brebiz, cheurettes, & thoreaulx
Ou lieu de chant impudique, & villain
A te louer chascun d'eulx est enclin
En vers Francois viuement composez
Par les Francoys a cela disposez
Parquoy leur Roy en son florissant aage
Heureux se dict de veoir en son langaige
Louer son Dieu, & les pasteurs susdictz
Ne craignent point passer lieux interdictz
Par ceulx qui ont paour de dommaige auoir
Dedans les champs, ou est tout leur espoir.
　　Les eschallatz & espineuses ronces
Euidemment passent veu tes semonces
Pour arrouser dedans l'eau que gardons
Leurs flaioletz, musettes, & bourdons
Qui si long temps hassez auoient esté
Par les chaleurs humaines de lesté
Non pas l'esté que maintenant auons
Ou a souhait de ceste eau nous beuuons
Mais vng esté qui si tressort ardoit
Que en sifflant leur instrument fendoit.

Maintenant donc qu'ilz ont tous arrousé
Leurs chalumeaulx, vng chant doulx & posé
Sans nul discord ilz chantent & resonnent
Tant que rochers, & forestz en iargonnent
Tout en ton Nom, du tout a ta louange
Et pense bien chose qu'on trouue estrange
Que si se chant gueres l'on continue
Que la chanson tost sera retenue,
Par les rochers, & forestz, qui diront
Les mesmes vers, & hault les chanterout.
Ceste chanson en Caliope fina
A celuy Dieu immortel qui fin n'a.
    Puis Terpsicore en ce lieu mesme assise
Bien sagement parlementer s'est prinse
Disant, mes sœurs puis que maintenant sommes
Diuinement tant aymées des hommes
Laissons le mont, nos iardins, & nos fleurs
Allons a Tours, ou de toutes couleurs
En trouuerrons, C'est le iardin de France
Puis la saison d'y aller nous aduance
Puis qu'en la France auons ores credict
Aller pouuons par tout sans contredict.
    Le Roy Henry auecq sa bonne espose
En son Plessis bien vouldra faire pose
Nous le verrons, aussi la Marguerite
Qui le regard de nous bien fort merite

B

Car sa couleur n'ayma oncq' autre chose
Que de nostre eau, dont toute elle s'arrouse
Puis humblement diuiserons a elle
Car aise elle est de veoir chose nouuelle.
Nos Cabinetz, & iardins tant elle ayme
Que noble fleur du iardin elle est mesme
Doncques sera ioyeuse de nous veoir
Quand de la veoir nous aurons faict deuoir.
   Princes, Seigneurs, Dames, & Damoyselles,
Sesiouyront d'auoir de nous nouuelles
Car à scauoir chascun d'eulx veult attaindre
Nous auons l'eau pour leur chaleur estaindre.
   Les sœurs adonc de volunte agile
En leur tant court, & gracieulx Concile
Ont proposé, & de faict arriuées,
Sont dedans Tours, ou leurs sources trouuées
Comme en leur lieu ont ainsi que verras
Le mont Parnase aussi y trouueras
Et les iardins plaisantz, & delectables
Qui dressez sont par personnes notables
Qui ont gousté de leau de la Fontaine
Où gens d'esprit tousiours semondz & meyne.
   Tu y verras de souldardz assemblée
Qui ne sera par ennemys emblée
Quand a cela c'est l'office de Mars
De t'en parler Lances & Braquemardz

Ne sont de moy, car en toute science
Baigner me veulx ayant en Dieu fiance.
    Vien doncq, ô Roy, tu verras les atours
Dont tu seras par ta ville de Tours
Honestement receu comme son Roy
En vng pompeux, & magnifique arroy.
    Les Muses sont ia au parc acropyes
De ton Plessys, qui disputent aux pyes
Filles iadis du Roy des Pyrenées
Au monde n'eut oncques de pires nées
Des Muses sont ennemyes sans cesse
Car leur parlé sans verité ne cesse.
    Bisches, & Cerfz dedans ton parc s'estendét
Soubz les oulmeaulx ou te veoir ilz pretédent.
    Le vent fascheux plus les arbres n'arrache
Celuy n'y a qui n'ayt son vert panache
Pour te couurir de lardeur du Soleil
Affin qu'a gré soubz eulx preigne sommeil.
    Loyre qui s'est tant de Ceres vengée
Pour te porter en son rang s'est rengée
    Aeolus ha enuoyé son Zephire
En tes iardins, qui doulcement soufpire
    Le cher a tout les iardins descouuers
Que grand plaisir auras les voyans vers.
Bref ie ne puis te dire le plaisir
Qu'en la Touraine on peut ores choisir

Ia les portaulx de Tours font leur debuoir
De se haulfer pour te bien receuoir.
  N'arrefte point heureufe Florentine
Qui as dormy foubz Royalle Courtine
Vien ce pendant que le temps eft difpos
Pour au Pleffyz prendre l'heureux repos.
  Auecques toy amene les fleurons
Du Lys Royal, Trompettes & clairons
Sont attendant ta Royalle femence
Qui eft ton filz noble Daulphin de France
Lequel dormant en mon lict a plaifir
Ie couureray du voyle de defir
Defia à il dormy d'ans le berfeau
Qui faict florir fcience en fon cerueau
Tant & fi bien que moy qui fuis Palas
Auecques luy toufiours i'auray foulas.
  Viens y auffi, ô Marguerite franche
Fille de Roy, bourgeon de noble branche
Sœur de celuy pour qui Mufes fon preftes
Cueillir rameaulx pour mettre fur vos teftes.
  Laiffe Berry dont tu es la Bergere
A Tours t'en viens tu n'en es eftrangere
Puis en Berry alors qu'il te plaira
Ta grande odeur par tout s'efparnyra
Et receuront ceulx qui n'ont mauuaiftié
Odeur de toy plus que ceulx la moictié

Qui en ton parc tant de mal ont commis
Que d'y laisser ton Vincent n'ont permis
Le dechassant de paour comme il me semble
De ton proffit,& le sien faire ensemble.
    Asseure toy aux Aulbepins croissans
Qui ton Berry feront esclaircissans
Car de ceulx la tant suis fauorisée
Que de nostre eau leur foy est arrousée
Et congnoistront par la en vérité
Combien de mal Vincent a merité
Puis te diront s'il te plaist t'en enquerre
Que pas tant n'a failly comme l'on erre.
    Or vien soubdain,car les Muses tant gayes
Sont t'attendans pres les buissons & hayes
Pour des boucquetz en ces iardins cuillir
Et t'en donner vng ne vouldront faillir
Bien appartient a toy fille Royalle
Et sœur de Roy,couronne Lilyale
De verd Laurier tu feras couronnée
Et te sera par Driades donnée
Ce moys de May,pour la magnificence
Qui est en toy noble fille de France.
    Venez aussi bien fort ie vous inuite
Dames d'honneur suyuez la Marguerite
Affin qu'au parc nous vous voyons assises
Ainsi que fleurs, qui tant bien y sont mises:

Mille propos nous orrez racompter
Liures diuers nous ferons presenter
A vos yeulx clairs, si dedans voulez lire
Trouuer pourrez a penser, & a rire.

Roy des Françoys, puissant, & magnanime
En t'attendant la clemence sublime.
Ie suppliray pour l'entretenement
De ton langaige ouquel plus on ne ment,
Cent ans apres ton entrée en ce clos
Ton corps ne puisse en la terre estre clos
Si qu'en ce temps pour son Nom maintenir
Lassus au Ciel tu puisse paruenir.

F I N.